AF359397

LISTE

ET

DESCRIPTION

DES *Tableaux , Sculptures , Deſſins , Gravures , Morceaux d'Architecture, & autres, expoſés au Coliſée dans le Salon des Graces, en 1776.*

Prix 12 ſ. en feuilles.

A PARIS;

De l'Imprimerie de D'HOURY, Imprimeur-Libraire de Mgr. le Duc D'ORLÉANS, rue Vieille Bouclerie, au Saint-Eſprit, 1776.

AVEC PERMISSION.

AVERTISSEMENT.

DEUX Artiſtes connus & Citoyens ont été priés, & ont bien voulu ſe charger du ſoin qu'exige l'Expoſition faite, de différens Ouvrages, au Coliſée.

Ces Ouvrages ſeront indiqués par l'ordre alphabétique que préſente le nom des Artiſtes.

Ce parti a paru prudent pour n'indiquer, ſur leurs Ouvrages, aucune ſorte de préférence, qui dépend toujours du choix du Public.

On a tu & on taira le nom des amateurs qui ont deſiré, & de ceux qui deſireront n'être pas connus.

A ij

AVERTISSEMENT.

Pour la facilité de ceux qui desireront expoſer, on a deſtiné au Coliſée une Salle, dans laquelle le Concierge dépoſera les Ouvrages qui lui ſeront apportés, en attendant qu'on les faſſe placer au Salon.

LISTE

ET

DESCRIPTION

Des Tableaux, Sculptures, Deſſins, Gravures, Morceaux d'Architecture, & autres, expoſés au Coliſée dans le Salon des Graces, en 1776.

PEINTURES.

M. BARDIN.

N°. 1. *LE Martyr de Saint André* deſtiné pour l'abbaye d'Anchin, de 11 pieds de haut ſur 13 pieds de large

2 Le *Martyr de S. André*, esquisse du précédent Tableau, colorée en huile, de 21 pouces de haut fur deux pieds de large.

3 *Salomon* facrifiant aux Idoles, efquisse colorée en huile, de 18 pouces de haut fur 15 de large.

4 Une *Étude* en huile, d'après nature, repréfentant un homme prêt à fe baigner, qui eft furpris & mordu par un ferpent; cette étude eft de 3 pieds $\frac{1}{2}$ de haut fur 2 pieds $\frac{1}{2}$ de large.

5 Trois *Têtes* de vieillards, peintes en huile d'après nature, fous le même N°. chacune de 2 pieds 2 pouces de haut fur un pied 6 pouces de large.

6 Les *Petites Cascades de Tivoli* peintes fur le lieu, à l'huile, de 2 pieds $\frac{1}{2}$ de haut fur 3 pieds $\frac{1}{2}$ de large.

7 Réception d'une *Veftale*, efquisse colorée, Biftre & blanc de 2 pieds de haut fur 20 pouces de large.

Dessins.

8 Un Dessin en crayon noir & blanc de deux pieds de haut sur 4 de large, représentant le *Massacre des Innocens*.

9 Autre Dessin, crayon noir & blanc, représentant *l'Enlevement des Sabines*, de 2 pieds 3 pouces de haut sur 4 pieds 3 pouces de large.

Cinq vues du Colisée prises sur le lieu du côté du couchant.

10 Premiere, de 21 pouces de haut sur 2 pieds 2 pouces de large.

11 Seconde, de 22 pouces de haut sur un pied 3 pouces de large.

12 Troisieme, de 20 pouces de haut sur 16 de large.

13 Quatrieme, de 20 pouces de haut sur 16 de large.

14 Cinquieme, de 16 pouces de haut sur 21 de large.

A iv

M. Bosse de Lille.

15 *Un Crucifix* en bas relief feint, sur un cadre de boiserie peinte, de 4 pieds de haut sur 3 de large.

16 *Persée* délivrant Androméde, de 7 pieds $\frac{1}{2}$ de haut sur 8 pieds de large.

17 Un Portrait en Pastel ovale représentant Mde ***.

18 Un *Pigeon* couvant dans un panier, 14 pouces de haut sur 18 de large.

M. Bouguier.

Deux Tableaux de *Marine* de forme ovale, formant pendans, chacun de 2 pieds 3 pouces de haut sur 18 pouces de large.

19 L'*un* est une Tempête.

20 L'*autre* est un Calme.

Madame de Hauré.

21 Une *Tête d'étude* de Vieillard,
& quatre Portraits sous une
même glace.

M. de la Croix.

22 Vue de la *Ville de Rome* prise
du côté du Château & Pont
S. Ange, de 3 pieds de haut
sur 6 de large.

M. de Marcenay de Ghuy.

23 *L'apparition de l'ombre de Samuel*, de 20 pouces de haut sur
16 de large. Saül sur le point
de donner bataille aux Philis-
tins, voyant que l'Esprit du
Seigneur s'étoit retiré de lui,
voulut consulter la Pythonnisse
d'Andar ; il se transporta chez
elle accompagné de deux hommes seulement, & lui ayant
demandé qu'elle évoquât Sa-

muel, celle-ci lui dit : „ Vous
„ savéz que Saül a exterminé
„ tous les Magiciens de ses
„ terres, pourquoi me dressez-
„ vous un piege pour me faire
„ périr ? Ne craignez rien, lui
repliqua Saül, „ il ne vous arri-
„ vera aucun mal ».

Sur cela elle évoqua Samuel. Dès
que son ombre eut paru, aussi-
tôt la Pythonnisse s'écria : " ah !
„ vous m'avez trompée. Vous
„ êtes Saül ». Le Roi l'ayant
encore rassurée, entendit les
mots terribles que prononça
l'ombre de Samuel : *Scindet re-
gnum de manu tuâ, & dabit illud
proximo tuo David.* Le Seigneur
vous ôtera votre royaume, & le
fera passer à David votre plus
proche parent.

24   Un *bas relief* peint, en couleur
terre cuite de Rouen, représentant un sujet de chasse, de 21
pouces de haut, sur 2 pieds 10
pouces de large.

25   Le Cabinet *d'un Amateur* de 2
pieds 10 pouces de haut, sur 3
pieds $\frac{1}{2}$ de large.

26 Un Tableau représentant *des va-*
ses , des fruits , des coquilles ,
de 2 pieds 3 pouces de haut sur
2 pieds de large.

27 Deux Tableaux pendans , *repré-*
sentant des fruits, sous un même
numéro, chacun de 18 pouces
de haut sur un pied 10 pouces
de large.

Ces deux Tableaux sont du Cabinet
de M. de Peters.

28 Le Portrait de M ***.
29 Le Portrait de Mlle ***.

Gravures.

30 *Régulus* retournant à Carthage ,
pour remplir sa parole d'hon-
neur; de 14 pouces de haut sur
15 pouces de large , d'après
M. *le Pêcheur.*

31 L'*Amour fixé* , de 15 pouces de
haut sur 13 de large , d'après
le Brun.

32 Le *Testament d'Eudamidas* , de
un pied de haut sur 15 pouces
de large , d'après *le Poussin.*

A vj

33 Une *Bataille*, de 12 pouces de haut fur 15 de large, d'après *Parocel*.

34 La *Fleurifte*, de 15 pouces de haut fur 11 de large, d'après *Gérardaw*.

35 Le *Clair de Lune*, de 11 pouces $\frac{1}{2}$ de haut fur 13 de large, d'après *Vernet*.

36 Commencement d'*Orage*, de 11 pouces $\frac{1}{2}$ de haut fur 13 de large, d'après *Rembrandt*.

37 Le Portrait de S. A. S. le *Duc Régnant de Brunfwick*, de 16 pouces de haut fur 12 de large, d'après M. *Fontaine*.

38 Le Portrait de S. A. S. E. l'*Electrice* douairiere *de Saxe*, de 10 pouces & $\frac{1}{2}$ de haut fur 8 pouces & $\frac{1}{2}$ de large, d'après le Portrait peint par *elle-même*.

39 Le Portrait du Marquis de *Mirabeau*, de 14 pouces de haut fur 11 pouces de large, d'après *Aved*.

40 Le Portrait du Comte de *Berghe*, de 1 pied de haut fur 9 pouces de large, d'après *Vandick*.

41 Le Portrait de M. *Le Gout* de

Gerlans, de 1 pied de haut sur 9 pouces de large, d'après M. de *Vosge*.

42 Le Portrait de M. *Sage*, membre de l'Académie royale des Sciences, dans la classe de la Chymie, de 8 pouces de haut sur 6 de large, d'après le Portrait peint par l'*Auteur*.

43 Le Portrait de M **

44 Un Buste de femme. ⎱
45 Un Buste de vieil-lard. ⎰ d'après *Rembrandt*.

* * * * *

COLLECTION *de Portraits* d'Hommes illustres, *continuée* par l'Auteur.

46 Henri IV, d'après *Porbus*.
Sully, d'après *Porbus*.
Charles V, dit *le Sage*.
Charles VII.
La Pucelle d'Orléans.
Le Chevalier Bayard.
47 Le Chancelier de l'Hôpital.
Le Président de Thou.
Le Maréchal de Turenne.
Le Maréchal de Saxe, d'après *Liotard*.

Le Prince Eugène, d'après *Ko-*
peski.

Le Roi de Pologne Staniſlas-Au-
guſte, [d'après Mad. *Bacciarelli.*

=====================

M. DE PÉTERS.

Aquarella.

48 Une jeune *Dame* allaitant ſon
enfant, de 15 pouces de haut
ſur 1 pied de large.

Gouache mixte.

49 Une *Mere* corrigeant ſon fils &
ſa fille des lutineries mutuelles
qui ont occaſionné la rupture de
leurs joujoux, de 21 pouces de
haut ſur 2 pieds 1 pouce de
large.

Peinture, mixte, aquarella.

50 Repos d'une *Jardiniere* flairant
une roſe, de 2 pieds de haut ſur
1 pied 8 pouces de large.

51 Les Portraits de M. & M *Collet*,
de 1 pieds 4 pouces de haut ſur
2 pieds de large.

52 Le Portrait de Mlle de W**

33 Le Portrait de M. *Seriaque*, es-
    fayant l'*alto-viola*, de 14 pouces
    de haut fur 1 pied de large.

54 Une *fin d'orage* prife dans les
    montagnes de Montmorency,
    colorée, de 15 pouces de haut
    fur 20 pouces de large.

M I N I A T U R E S.

55 Le Roi de Dannemarck.
    Le Portrait de M.de ***
    Le Portrait de M **.
    Un Bufte de femme.   } Sous un
                           même
                           N°.

Deſſins.

56 Une *Sainte Famille*, au biftre, de
    1 pied 10 pouces de haut fur 2
    pieds 3 pouces de large.

57 *Betzabée* fortant du bain, au biftre,
    de 2 pieds 4 pouces de haut fur
    1 pied 10 pouces de large.

58 Le Repos d'une *Nourrice* & de fon
    Meneur, au biftre, de 2 pieds de
    haut fur 18 pouces de large.

59 Le Délaſſement des *Chaſſeurs*, au
    biftre, de 15 pouces de haut fur
    20 pouces de large.

60 Une Scène de *Guinguette*, au biſtre, de 18 pouces de haut ſur 2 pieds de large.

61 Une *Paſtorale*, au crayon rouge, de 18 pouces de haut ſur 2 pieds de large.

62 L'Abreuvoir d'*Orly*, au crayon rouge, de 2 pieds de haut ſur 19 pouces de large.

63 Bouquet d'*Arbres* pris près Choiſy, à l'encre de la Chine, de 16 pouces de haut ſur 18 de large.

64 Le *Puits* de la Porte Saint-Antoine, au crayon rouge, de 16 pouces de haut ſur 20 pouces de large.

65 Une *Cabane ruſtique*, au crayon rouge, de 15 pouces de haut ſur 19 de large.

66 Vue de la *Porte de Largilliere* à Giſors, au biſtre, de 15 pouces de haut ſur 19 pouces de large.

67 L'Obéliſque, ou *Croix de Grignon*, à l'encre de la Chine, de 15 pouces de haut ſur 20 pouces de large.

68 La *Rue Dauphine* de Giſors, à l'encre de la Chine, de 15 pouces de haut ſur 20 pouces de large.

M. H A C K U E R T.

69 Un grand *Payſage*, vue d'Italie, de 4 pieds & $\frac{1}{2}$ de haut ſur 5 pieds 9 pouces de large.

70 Autre *Vue d'Italie*, de 15 pouces de haut ſur 21 pouces de large.

71 Autre *Vue* du côté de Caudebec en Normandie, de 16 pouces de haut ſur 21 pouces de large.

72 Une *Marine* de 2 pieds 2 pouces de haut, ſur 2 pieds 9 pouces de large.

Deſſins.

Deux Deſſins colorés formant pendans, de 39 pouces de haut ſur 25 pouces de large :

73 L'un eſt une Vue de *Caſtelmare*, près Naples :

74 L'autre eſt une Vue *de la Cava*, près Salerne.

75 Six *Payſages* à Gouache pour tabatières, ſous une même glace.

M. H E N R Y.

76   Un Ecrin de miniatures , con-
     tenant différens morceaux &
     Portraits :
     Un Vieillard avec des enfans :
     Un Enfant qui dort gardé par un
     chien.

M. K I M L I G.

77   Une Tête de *Vieille* , de 18 pouces
     de haut fur 15 pouces de large.
78   Le Portrait de M. *Muler* , graveur,
     membre de l'Académie royale.
     Ce Portrait eft de 11 pouces de
     haut fur 9 pouces de large.

M. K O B E L.

79   Deux Payfages pendans fous le
     même numero , chacun de 18
     pouces de haut fur 24 pouces de
     large.

Deffins.

Quatre Deffins pendans , aux

crayons noir & blanc , de 14 pouces de haut sur 18 pouces de large :

80 Le premier représentant le Matin.

81 Le second , un Coucher du soleil.

82 Le troisieme , un Orage.

83 Le quatrieme , un Clair de lune.

84 Deux Dessins pendans , aux crayons noir & blanc , de 20 pouces de haut sur 16 pouces de large , représentant deux Chutes d'Eaux , sous le même numero.

85 Deux Dessins pendans , au crayon noir , de 12 pouces de haut sur 8 de large , représentant des Pêcheurs , sous le même numero.

M. KRAUS.

Deux Tableaux pendans , chacun de 18 pouces de haut sur 15 pouces de large :

86 L'un est un Buveur & sa femme.

87 L'autre un Savoyard & sa femme.

Deux autres pendans , de 20 pouces de haut sur 17 pouces de large :

88 L'un est un Raccommodeur de fayance,

89 L'autre un Chaudronnier.

M. MEYER.

Deux Tableaux pendans, de 20 pouces de haut sur 21 pouces de large :

90 L'un est une *Pastorale*,

91 L'autre des *Baigneuses*.

Desseins & Esquisses.

92 Un *Abreuvoir*, esquissé en huile, de 22 pouces de haut sur 2 pieds neuf pouces de large.

93 Un Groupe de *divers Animaux*, aux crayons noir & blanc, sur papier brun, de 16 pouces de haut sur 21 de large.

M. PILLEMENT.

94 Un Clair de lune de 14 pouces de haut sur 18 de large.

95 Deux Desseins de *paysage*, avec figure au crayon noir sur papier blanc, sous le même numero.

M. P I O G É.

96 Un *Sacrifice* au Dieu Pan, bas-
relief imitant le marbre blanc,
de 2 pieds 8 pouces de haut sur
3 pieds 11 pouces de large.

97 Le Portrait de M. d'*Heusy*, En-
voyé de Liége à la Cour de
France.

98 Le Portrait de M. d'*Heusy*, fils,
Tréfoncier de la Cathédrale de
Liége.

99 Le Portrait de M. *de Crébillon*,
fils, de 5 pouces de haut sur 4 de
large.

100 Le Portrait d'un jeune homme.

101 Le Portrait de Madame ***

M. S A I N T - A U B I N.

102 Son Portrait fait par lui-même,
de 14 pouces de haut sur 11 de
large.

Esquisse.

103 La tentation de Saint Antoine de
forme ronde.

Deux Pendans de 10 pouces de haut sur 10 de large :

104 L'un est une scène tragique :

105 L'autre un concert.

M. SAINT-QUENTIN.

106 Sacrifice à l'*Amour*, de huit pieds de haut sur 6 pieds de large.

107 Vue de la *Place de Louis XV* d'après nature, de 4 pieds 8 pouces de haut sur 8 pieds de large.

108 Une *Académie* à l'huile, de 3 pieds 6 pouces de haut, sur 2 pieds $\frac{1}{2}$ de large.

Deux *Paysages* pendans, peints à gouache, enrichis de figures :

109 L'un représente *Pan & Syrinx* :

110 L'autre *Pyrame & Thisbée*.

111 *Galathée* sur les eaux, esquisse à l'huile, de 2 pieds 8 pouces de haut sur 4 pieds de large.

112 Un Rendez-vous *de Chasse*, dessin aquarelle de 2 pieds de haut sur 2 pieds 4 pouces de large.

D E S S I N S.

1 1 3 Les *Environs de Rome* en camayeu
bleu de 21 pouces de haut fur
2 pieds 5 pouces de large.

1 1 4 Une Vue de *Tivoli*, camayeu bleu
de 18 pouces de haut fur 2 pieds
de large.

1 1 5 Une *Tête* de femme, crayons noir
& blanc, de 2 pieds 3 pouces de
haut fur 2 pieds de large.

Deux pendans en camayeu bleu,
de 23 pouces de haut fur 18 pouces de large.

1 1 6 L'un eſt une vue de la *ville de
Pamphile*, d'après nature :

1 1 7 L'autre eſt une vue de la *même
ville*.

M. S A N É.

1 1 8 Le *Boiteux* guéri par Saint Pierre
& Saint Jean entrant au temple,
de 11 pieds de haut fur 9 pieds
de large.

Deſſins.
Deux Deſſins au biſtre, pendans ;

de 22 pouces de haut fur 2 pieds
5 pouces de large :

119 L'un est les Adieux de Rebecca à
fon pere :

120 L'autre est la Réception de Rebecca par Ifaac qui l'introduit
dans fa tente.

M. SARRAZIN.

121 Deux marines repréfentant des
tempêtes, formant pendans fous
le même numéro, chacun de 21
pouces de haut fur 26 pouces de
large.

M. SCHENEAU.

122. Un petit Tableau repréfentant
une *mere* brûlant devant fa fille;
la lettre qu'elle vient d'inter-
cepter , & la fuivante qui s'é-
chappe. Ce tableau est de 2 pieds
de haut fur 18 pouces de large.

123 Autre repréfentant le *Jeu de la
courte-paille* de deux figures : il
est de 18 pouces de haut fur 15
de large

Deffins.

DESSINS AU BISTRE.

124 Une mère peignant ſes enfans, de 19 pouces de haut ſur 15 de large.

125 Deux ſujets d'enfans, bas-relief, ſous le même numéro, chacun de 14 pouces de haut ſur 21 de large. Ces deux morceaux ſont deſſinés au crayon noir rehauſſé de blanc ſur papier gris.

M. SEKATZ.

Deux Sujets pendans, chacun de 10 pouces de haut ſur 1 pied de large :

126 L'un eſt une Marche de Bohémiens :

127 L'autre eſt des ſoldats ſe chauffant.

Mademoiſelle SURUGUE l'aînée.

Différentes fleurs peintes d'après nature, de 14 pouces de haut ſur un pied de large.

128	*Cotyledon orbiculata*, Linneus.	Nombril de Venus ou pourpier en arbre.
129	*Heliotropium peruvianum*, Linneus.	Héliotrope du Pérou.
130	*Geranium inquinans*, Linneus.	Grand Geranium rouge.
131	*Celosia cristata*, Linneus.	Amaranthe des jardins.
132	*Amaranthus hypocondriacus*, Linneus.	Amaranthe à épis.
133	*Verbena longiflora*, Linneus.	Verveine à longues fleurs.

―――――――――――

Mademoiselle SURUGUE la cadette.

134 Un sujet peint à gouache sur l'origine de la *Peinture*, d'un pied de haut sur 21 pouces de large.

―――――――――――

M. TELLOS.

135 Le Portrait du Roi en miniature.

136 Le Portrait de l'*Empereur* & de son *frere*, en huile, d'un pied de haut sur 10 pouces de large.

M. VINCENT DE MONTPETIT.

137 Le Portrait du Roi de 2 pieds de haut fur 21 pouces de large.

138. Le Portrait de l'*auteur*.

139 Le Portrait de M^c *de Montpetit*.

140 Un Tableau de *famille* compofé de cinq figures de 2 pieds de haut fur 2 pieds 9 pouces de large.

SCULPTURES.

M. BLONDEAU.

141 Une *Chasse* au loup forcé par des chiens, en terre cuite.

142 Le chien qui combat pour conserver le dîner qu'il portoit à son maître. Ce morceau est en terre cuite.

M. DEHAURÉ.

143 Bélisaire guidé par un jeune homme, groupe en terre cuite.

144 Projet de *Chaire* qui doit être placée entre deux colonnes. Le même projet est chez l'auteur, adapté à une colonne.

ESQUISSES EN TERRE CUITE.

145 La *France* veut empêcher les Parques de filer les jours de Leurs Majestés ; mais *Atropos* lui fait connoître qu'elles doivent être immortelles.

146 *L'immortalité* attache à un obélis-
que le Portrait de *Louis XVI*,
avec ceux de nos plus grands
Rois ; les noms des bons Mi-
nistres sont inscrits sur son autel.
La France y grave aussi les noms
de ceux qui s'occupent actuelle-
ment de son bonheur. Le peuple
baise avec respect ces noms pré-
cieux.

147 Des *Enfans* entourent de fleurs le
buste du Dieu Pan.

148 Un Sacrificateur & une Prêtresse
qui portent un autel.

149 Un Trait de bienfaisance & d'hu-
manité.

Un jeune *peintre* manquant d'argent,
arrive à Modène ; il prie un *gagne-petit*
de lui trouver un gîte à peu de frais :
l'artisan lui offre la moitié du sien. On
cherche envain de l'ouvrage pour cet
étranger ; il tombe malade : l'artisan
se leve plus matin, se couche plus tard
afin de gagner davantage & fournir aux
besoins du malade qui avoit écrit à sa
famille. Quelques jours après sa guéri-
son, l'artiste reçoit de ses parens une
somme d'argent : il court aussi-tôt chez
l'artisan pour lui rembourser ce qu'il
lui doit. » *Non, Monsieur*, lui répond

son généreux bienfaiteur , » c'est une
» dette que vous avez contractée envers
» le premier homme que vous trouverez
» dans l'infortune.

150 L'Architecte Dinocrate déguisé en *Hercule* montrant le plan qu'il a proposé à Alexandre de faire une statue du mont Athos, qui d'une main tiendroit une ville , & de l'autre une coupe qui recevroit les eaux des rivieres qui coulent de cette montagne.

151 Une Esquisse de Saint Paul.

M. MURAT.

152 Le Buste en plâtre de Mde *Lobreau*, Directrice des Spectacles de la ville de Lyon.

153 Un *Lacédémonien* présentant à sa Maîtresse le prix qu'il a remporté ; esquisse en terre cuite.

M. SURUGUE.

154 Le Portrait de M. *Bertin*, Ministre d'État.

155 Le Portrait de Madame *Surugue*.

156 Le Buste d'une *Bergère* dans le
   costume ancien.
157 Le Buste d'un *Berger* couronné
   de fleurs suivant l'ancien costume.
   Tous ces Médaillons sont en cire
   de composition.

D E S S I N S.

M. BOUCHER.

158 Deux Deſſins d'Architecture colorés, ſous le même numéro.

M. PARIZEAU.

Six Deſſins colorés de la Chaſſe
d'Henri IV.

Savoir, deux pendans de 22 pouces de haut ſur 17 de large.

159 L'un eſt *Henri IV* arrêté dans la
forêt par ſon garde chaſſe.

160 L'autre eſt *Henri IV & Sully* re-
connus par le garde chaſſe.

Deux autres pendans de 21 pouces de haut ſur 17 de large.

161 L'un eſt *Henri IV* chez le garde.

162 L'autre eſt la famille du garde
aux pieds de *Henri IV*.

Les deux autres pendans de 21
pouces de haut ſur 27 de large,
ſont :

163 L'un *Henri IV* à table chez ſon
garde.

164 Et l'autre la scène d'*Henri IV* à
table.

Deux Pendans au biftre, fujets
tirés de la *Jérufalem délivrée* du
Taffe, de 22 pouces de haut fur
2 pieds 4 pouces de large.

165 L'un eft *Ifmene* qui évoque les dé-
mons dans la forêt.

166 L'autre eft *Clorinde* qui fait fuf-
pendre le fupplice d'Olinde &
de Sophronie.

Deux Pendans au biftre de 16
pouces de haut fur 21 de large.

167 L'une eft l'adoration des Anges.

168 L'autre, Adam & Eve.

Deux Deffins colorés pendans, de
18 pouces de haut fur 22 de
large.

169 L'un eft un Ménage de païfan.

170 L'autre eft l'intérieur d'une cour
de ferme.

Deux Deffins colorés pendans, de
22 pouces de haut fur 18 de large.

171 L'un eft l'intérieur d'une Maifon
de villageois.

172 L'autre eft l'intérieur d'une ferme.

Deux Deffins colorés pendans,
tirés d'*Adélaïde de Hongrie*, Tra-
gédie de M. *Dorat*, de 2 pieds

de haut fur deux pieds ½ de large.

173 L'un eſt *Pépin*, Roi de France, recevant le ferment de ſes Guer- riers. Acte II.

174 L'autre eſt *Adélaïde de Hongrie* Fin du Vᵉ acte.

M. A. Z I N G.

175 Une vue de *Vernonet* en Norman- die, deſſin à l'encre de la Chine de 13 pouces de haut ſur 17 de large.

176 Un Village à l'encre de la Chine, de 16 pouces de haut ſur 10 de large.

G R A V U R E S.

M. B A E R.

177 Différentes empreintes en cire
    fous la même glace, contenant :
    Une pierre gravée pour le Prince
    de Salm-Salm.
    Une alliance pour le même.
    Une autre pour M. le Comte de
    Stragonoffe.
    Un autre repréfentant⎱ Pour M.
    Mars.   ⎰ Morel.
    Une autre Vénus.
    Le refte eft armoiries.

M. C H E V I L L E T.

178 Une *Mère* allaitant fon enfant,
    de 16 pouces de haut fur 15 de
    large, d'après *M. de Peters.*
179 L'amufement du *jeune âge*, de 17
    pouces de haut fur un pied de
    large, d'après *M. Wille le fils.*
180 Le charme de la *Mufique*, de 17
    pouces de haut fur 14 de large,
    d'après M. *Delahire.*

B

181 La Santé portée. ⎱ d'après *G.*
182 La Santé rendue. ⎰ *Terburg.*
Pendans de 17 pouces de haut sur 14 de large.

M. D U P R É.

183 Onze Médailles sous le même N°.

M. C A R L. G U T T E M B E R G.

184 La *Troupe ambulante*, de 16 pouces de haut sur 18 pouces de large, d'après *M. J. F. Meyer.*
185 Invocation à l'*Amour*, de 20 pouces de haut sur 15 pouces de large d'après *M. Théolon*, Membre de l'Académie royale.

M. F. N. S E L L I E R.

186 Façade de la nouvelle Sainte Geneviève, d'après *M. Soufflot.*
187 Vue du *Panthéon.*
188 Élévation de *St-Pierre de Rome.*
189 Plan, coupe & élévation d'un *Vauxhall* sous un même numéro; le tout d'après *M. Dumont*, Architecte.

M. *. *Amateur.***

190 Trois têtes de vieillards sous un même numéro.

ARCHITECTURE.

M. DE MONTREUIL.

191 Le modèle d'un *Pavillon* exécuté d'après ſes deſſins & ſous ſes ordres, pour être conſtruit au milieu d'un jardin à l'angkaiſe.

M. SIX.

192 Modele d'*Ordres* d'Architecture, exécuté d'après ſes deſſins & ſous ſes ordres.

PREMIER SUPPLÉMENT.

P E I N T U R E S.

M. B A D E R.

193 Le départ de *l'Ange* devant Tobie,
de 2 pieds ½ de haut sur 3 pieds
de large.

194 *Vieille Femme* buvant un verre de
liqueur, de deux pieds de haut
sur 20 pouces de large.

195 Un *Villageois* fumant sa pipe, de
18 pouces de haut sur 14 de
large.

SCULPTURE.

M. BOICHARD.

196 Un *Baromètre* arabesque représentant les quatre élémens & les quatre saisons, de quatre pieds de haut sur deux de large.

197 Un Bouquet de *Fleurs* dans son vase, le tout modelé en talc de 30 pouces de haut sur 2 pieds de large.

198 Une *Bordure* de bois de 10 pouces de haut sur 7 de large, représentant l'abondance & la gloire.

199 Une *Cassolette* en bois en forme de trépied de 18 pouces de haut.

M. GUICHARD.

200 Deux Bouquets de *Fleurs* modelées en talc sous le même N°.

201 Une Bordure ovale, dans laquelle est le portrait du Roi.

DEUXIEME SUPPLEMENT.

P E I N T U R E S.

M. GIRARD.

202 La vue de *Bercy* prise de l'autre côté de la riviere, d'un pied de haut sur 18 pouces de large.

203 *Radeau* dont se servoient les Romains pour transporter les obélisques d'Egypte à Rome, dessiné sur l'original en relief du cabinet du Cardinal Alaudieux , d'un pied de haut sur 18 pouces de large.

204 Projet d'une *Place* devant la colonade du vieux louvre, de la composition de l'auteur, de 18 pouces de haut sur un pied de large.

205 Vue du Château de *Garge* appartenant à feu M. Blondel de Gagny, d'un pied de haut sur 18 pouces de large.

206 Quatre morceaux ovales sous un
même numéro, qui sont :
Vue des environs de *Naples.*
Vue de *Marseille.*
Vue de la ville de *Rouen.*
Vue des *Tuileries.*
Toutes ces vues prises d'après na-
ture.

M. HACKERT.

207 Vue du Rhin, de 13 pouces de
haut sur 10 de large.

Ses autres ouvrages sont aux nᵒˢ 69-75.

TROISIEME SUPPLÉMENT.

G R A V U R E S.

M. J. N. WURTH.

208 Un Médaillier contenant feize pieces.

Le *Roi* & la *Reine* , alliance avec fon revers.

Madame *Clotilde*.

L'Impératrice Reine.

L'Empereur.

Le Prince Charles.

Le Doyen de l'églife de Mayence.

Le *Roi*.

La *Reine*.

L'Electeur de Mayence.

L'Empereur.

La *Reine*.

L'Empereur.

L'Impératice de Ruffie.

SCULPTURES.

M. ROUGÉ.

209 Deux morceaux d'*Ornemens* modelés en plâtre fous le même numéro.

Un Arabefque,

Une Feuille de chapiteau.

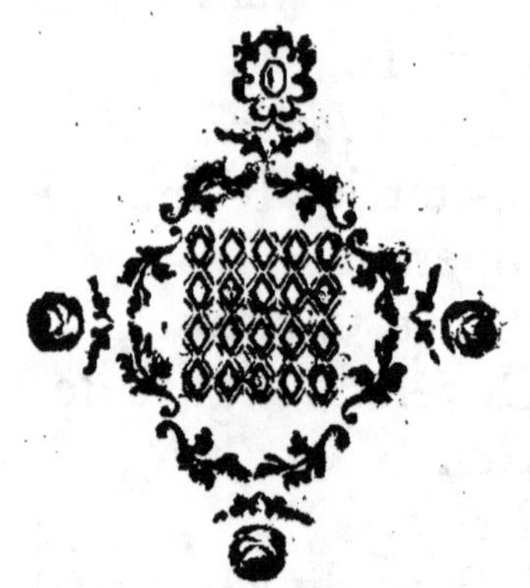

PEINTURE.

M. SAINT-QUENTIN.

210 Le Magnifique , de 3 pieds 10
pouces de haut sur 5 pieds 8 pouces de large.

Ses autres ouvrages sont aux N°s 106-117.

DESSINS.

M. PARIZEAU.

211 Un *Villageois* & une *Villageoise*
au crayon d'Italie rehaussé de
blanc sur papier bleu , sous le
même numero.

212 La Tête du même *villageois* re-
gardant devant lui , au crayon
d'Italie rehaussé de blanc sur papier bleu.

213 Une *Tête* d'homme en cheveux,
au crayon rouge sur papier blanc.

214 Une *femme* & neuf petits *enfans*
pris d'après nature à Sceaux-les-

Chartreux, au crayon rouge sur papier blanc.

215 Deux groupes d'*Enfans* pris d'après nature, au crayon rouge sur papier blanc.

216 La tête d'un *Bouldogue* au crayon rouge sur papier blanc.

Ses autres ouvrages sont aux N°s 159-174.

F I N.

Lu & approuvé ce 26 Juillet 1776.
CREBILLON.

Vu l'approbation, permis d'imprimer & distribuer, ce 27 Juillet 1776, LE NOIR.